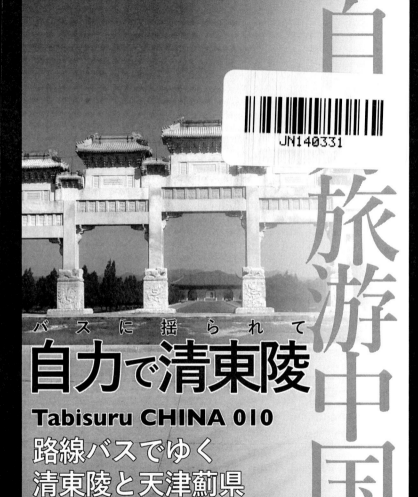

自力で清東陵
バスに揺られて

自旅游中国

Tabisuru CHINA 010
路線バスでゆく
清東陵と天津薊県
Asia City Guide Production

【白地図】天津や北京から清東陵へ

CHINA
清東陵

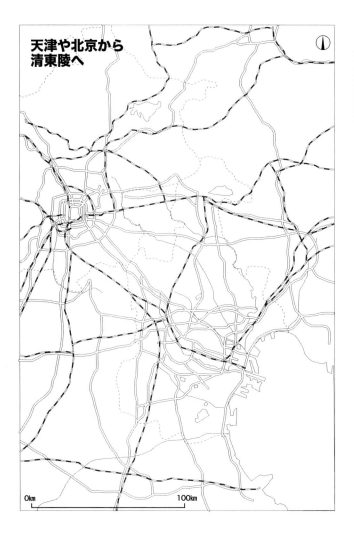

【白地図】天津駅と河北客運バスターミナル

CHINA
清東陵

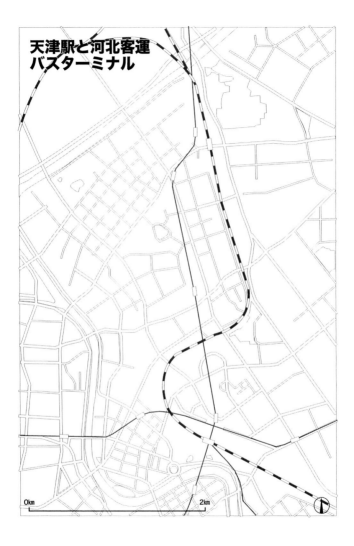

【白地図】北京市街

CHINA
清東陵

【白地図】四恵バスターミナル

CHINA
清東陵

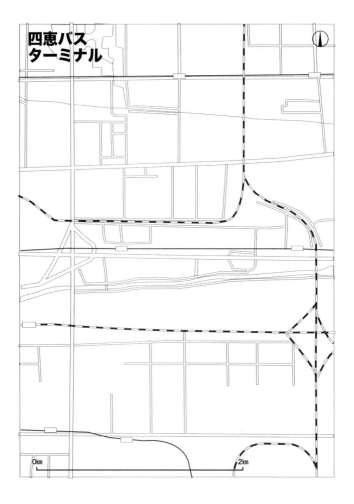

Qingdongling

白地図

【白地図】薊県バス路線図

CHINA
清東陵

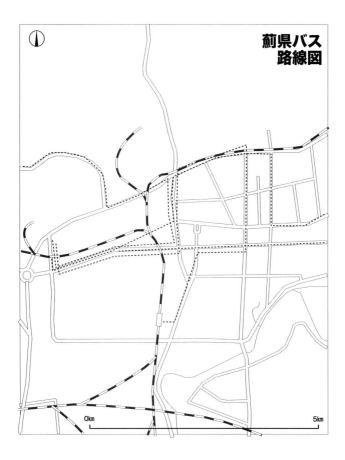

【白地図】薊県４大エリア

CHINA
清東陵

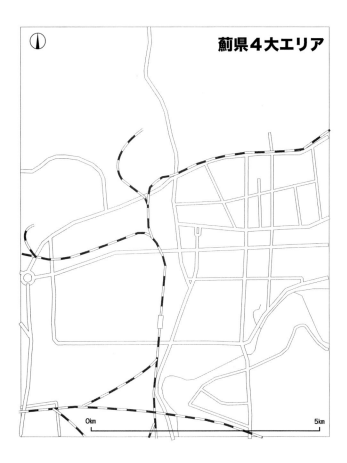

【白地図】薊県旧城

CHINA
清東陵

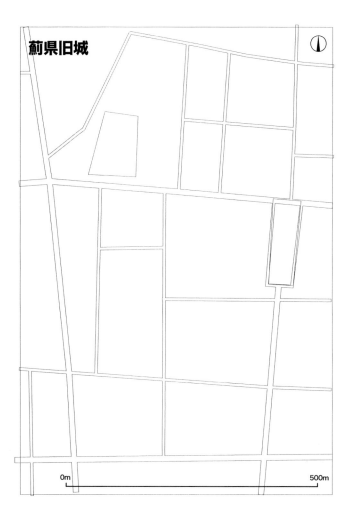

薊県旧城

Qingdongling

白地図

【白地図】薊県郊外

CHINA
清東陵

薊県郊外

Qingdongling 白地図

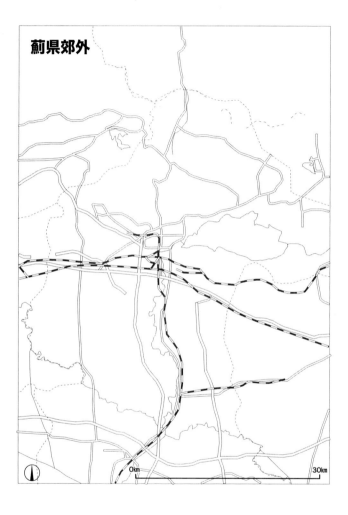

【白地図】薊県〜清東陵

CHINA
清東陵

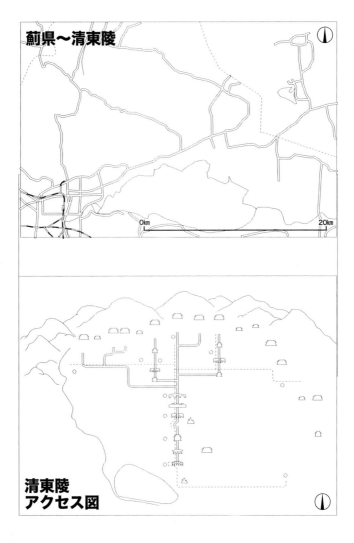

薊県〜清東陵

Qingdongling 白地図

清東陵
アクセス図

【白地図】清東陵全図

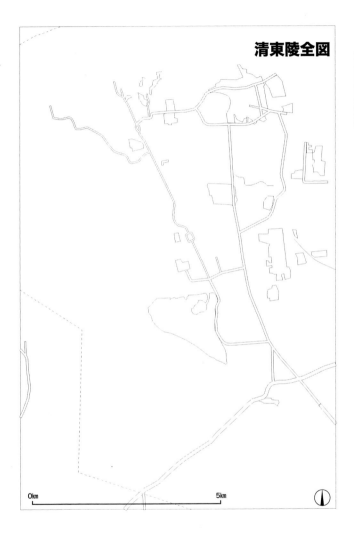

CHINA
清東陵

【旅するチャイナ】
001 バスに揺られて「自力で長城」
002 バスに揺られて「自力で石家荘」
003 バスに揺られて「自力で承徳」
004 船に揺られて「自力で普陀山」
005 バスに揺られて「自力で天台山」
006 バスに揺られて「自力で秦皇島」
007 バスに揺られて「自力で張家口」
008 バスに揺られて「自力で邯鄲」
009 バスに揺られて「自力で保定」
010 バスに揺られて「自力で清東陵」

故宮なみに感動した。八達嶺長城ばりの開放感。そう個人的に感じたのが河北省遵化にある清東陵です。この地には清朝第4代康熙帝や第6代乾隆帝、また西太后の陵墓が残っています。清朝や世界遺産がお好きなかたには絶対おすすめしたい観光地なのですが、いかんせんアクセスに難があるのです。

けれども、アクセスで難しいのは実は清東陵まわりだけ。清東陵へのアクセス拠点となる薊県や遵化までは北京や天津からかんたんに行けてしまいます(また清東陵内を公共交通

自力で清東陵
バスに揺られて
Tabisuru CHINA 010

でまわるのはやや難しいです)。

　そして、清東陵もさることながら、清東陵への足がかりとなる薊県がこれまた魅力的な街なのです。ガイドブックで是非ご紹介したい！　そう思わずにいられなかった清東陵と薊県のアクセス情報をお届けしたいと思います。

【自力旅游中国】

Tabisuru CHINA 010 自力で清東陵

目次

自力で清東陵……………………………………………………xxii

清東陵どんなとこ？ ……………………………………………xxvi

まずは薊県行こう………………………………………………xxxix

薊県でどう過ごす？……………………………………………xlv

見どころ多いぞ薊県……………………………………………lxiv

薊県から清東陵行こう …………………………………………lxx

直接清東陵に行く場合 …………………………………………lxxvi

清東陵と陵内の移動……………………………………………lxxxix

薊県から帰ろう …………………………………………………xcix

あとがき…………………………………………………………civ

【MEMO】

清東陵 どんな とこ？

CHINA
清東陵

清朝皇帝の東の陵墓は
北京から東110kmに位置します
自力で清東陵に行ってみましょう

清東陵はどこにある？

清東陵には、清朝第3代「順治帝」、第4代「康煕帝」、第6代「乾隆帝」といった清朝の黄金時代を築いた皇帝が眠っています。そして、清朝末期の宮廷に君臨し、皇帝以上の権力をにぎった「西太后」の墓も見られます。清朝は第3代「順治帝」のときに万里の長城（山海関）を越えて北京に入りますから、初代ヌルハチと第2代ホンタイジの陵墓は清朝の故地瀋陽にあります。また清東陵という言葉でもわかるように、清東陵に対応するように清西陵も北京西郊外に存在します（清西陵には第4代康煕帝と仲がよくなかったとされる第5代雍正帝

Qingdongling 清東陵どんなとこ?

らが眠ります)。これらは北京の中心部からいずれも 100 〜 110 km程度、ちょうど左右対称になっています。そして清東陵も、清西陵も申し合わせたように、北京市の外側、河北省遵化(清東陵)と河北省易県(清西陵)に位置するのです。

清東陵何が難しい?

清東陵は八達嶺長城や頤和園などの世界遺産にくらべてなかなか自力で観光するのが難しいかもしれません。まず清東陵への公共交通のポイントとなる薊県や遵化といった街から、清東陵(観光地)までのアクセスに難があります。薊県〜石

CHINA
清東陵

門（清東陵）〜遵化を結ぶ街道の路線バスも走っていることは走っているのですが、「そこが石門であること」をあらかじめ知っている人以外、バス停で降りることも難しいでしょう（そのため、事前に「清東陵＝石門に行くこと」を運転手や乗客に伝えておきましょう）。また「石門（バス停）から清東陵（観光地）まで」もこれが本当に最寄り駅か？　というぐらい離れていますので、ご注意ください。もうひとつは清西陵にも言えるのですが、「清東陵が広大すぎるから」ということがあげられます。まず徒歩で観光するのは、よほどの脚力をお持ちのかた以外は無理でしょう。くわしくは後述

▲左　清東陵への足がかりとなる古都の薊県。　▲右　清東陵は最高の風水の場所に築かれた

したいと思います。

清東陵行くなら薊県も

最初に申し上げましたが、清東陵近くでかなりおすすめな街が薊県です。この薊県は実は北京市でもなく、河北省でもなく、天津市に位置します。清東陵や薊県あたりは3つの行政区画が入り組んでいるのですね（清東陵は河北省）。そして、北京や天津から見て、清東陵の手前25kmに位置する薊県には、仏教寺院の古刹独楽寺や白塔寺、また郊外に黄崖関長城や盤山風景名勝区が残ります。薊県自体も明清時代の面影を

CHINA
清東陵

今に伝える魅力的な街ですので、もし清東陵に行かれるならば、「薊県もぜひ」と思います。ちなみに「北京から清東陵行きのバスは遵化行き」で薊県と石門(清東陵)を通過します。同様に薊県から清東陵へのバスも遵化行きで石門(清東陵)で降りることになるのです。そのため、北京から清東陵行きのツアーに参加しない場合以外は、「直接、清東陵へ行こう」と「薊県を経由しよう」と、さほど関係ないかもしれません。

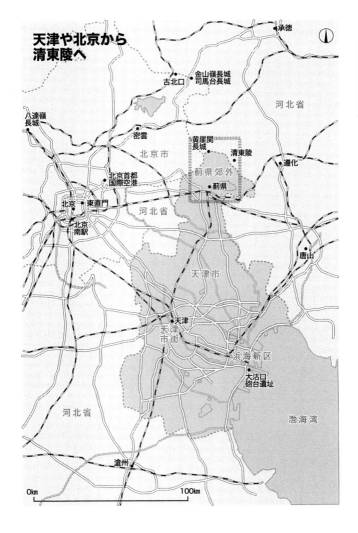

Qingdongling 清東陵どんなとこ？

CHINA
清東陵

今回の旅程

ここで今回の旅程を記しておこうと思います。天津から鉄道で薊県に行く予定でしたが、天津7時24分発薊県行きの列車に乗り遅れ、呆然と立ち尽くしていました（15分前には切符売場に着いていましたが、直前のため売ってもらえなかった）。そこで、思い切って天津から北京へ「高鉄（中国版新幹線）」に乗って行き、北京方面から天津薊県に向かうことに。正確なルートは、北京南駅から地下鉄を乗り継いで「東直門」へ。「東直門バスターミナル」から路線バスで「密雲」へ。「密雲」から「古北口」まで乗り合いのミニバス。「古北口」

Qingdongling 清東陵どんなとこ？

からタクシーをチャーターして、「金山嶺長城」と「司馬台長城」へ。そして、「司馬台長城」から乗り合いワゴンで再び「密雲」に戻り、「密雲」から「黄崖関長城」までタクシーチャーター（路線バスありませんでした）。「黄崖関長城」から「薊県」まで乗り合いワゴン。あとは路線バスで「石門（清東陵）」に向かい、清東陵では「石門」からタクシーをチャーターして旅程を調査しました。その後、「石門」から路線バスを乗り継いで「薊県」に戻ってきて、「薊県」から中距離バスで北京「四恵」へ移動したというルートです。このルートのポイントを追っていくと地図上は近く見えるのですが、

CHINA
清東陵

きわめて交通の便が悪い地方でありました。そのため、『自力で清東陵』では1,実際に路線バスに乗って調査した情報、2,バス停や駅で調査した情報、3,公式ホームページで発表されている情報などをもとにした伝聞情報から構成されます。

【MEMO】

清東陵どんなとこ？

[見せる中国語]
wǒ xiǎng qù jì xiàn
ウォ シィアン チュウ
ジィ イ シェン
私は薊県に行きたい

我想去
薊县

[見せる中国語]
wǒ xiǎng qù qīng dōng líng
ウォシィアンチュウ
チンドンリン
私は清東陵に行きたい
我想去
清东陵

【MEMO】

CHINA
清東陵

まずは薊県行こう

薊県はジィイシェンと呼びます
まずは清東陵への足がかりとなる
ジィイシェンに行ってみましょう

薊県行ってみよう

清東陵へのアクセス拠点になる街が、天津北部の薊県です(清東陵は壮大な自然のなかに陵墓群が点在し、街らしい街ではないのです)。この薊県一帯は北京、天津、河北省が入り組み、「陸の孤島」とも言える様相を呈しています。歴史的にも薊県は河北省の版図だったようですが、結局、天津市の一部となって現在にいたります。鉄道は天津方面から通じているものの、本数はわずか。実はバスを利用するアクセスのほうが断然便利なようです。個人的に鉄道の旅が大好きなのですが、鉄道の本数を考えると、薊県行きに関しては中距離バスの利

CHINA
清東陵

用をおすすめします。

天津から薊県へ

・鉄道で。所要2時間半程度。天津駅7時24分発(薊県10時1分着)はじめ1日数本。料金18.5元。便きわめて悪し

・バスで。河北客運バスターミナル(天津北駅の近くの河北客运站)から。朝6時半〜夕方18時半のあいだ10分に1本程度で頻発。所要2時間半〜3時間程度

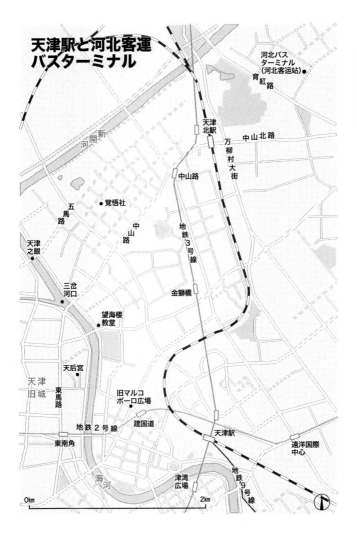

CHINA
清東陵

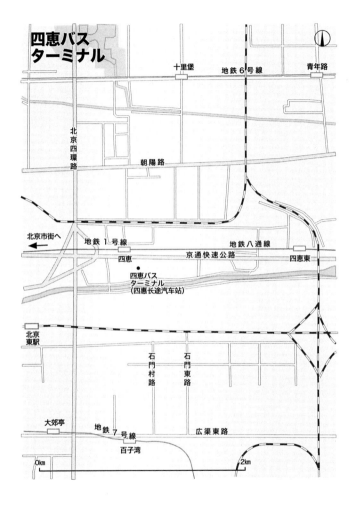

Qingdongling

まずは薊県行こう

43

CHINA
清東陵

▲左　四恵のバスターミナル、北京から東方面へのバスが出ている　▲右　薊県客運站、街の中心から西に位置する

北京から薊県へ

・バスで。四恵長途客運バスターミナル（四恵长途汽车站）から薊州バスターミナル（蓟州客运站）。15分に1本程度。頻発。所要2時間程度

・鉄道も北京東駅から1日数本ある模様（こちらは実際、乗っていない未確認情報）

薊県で
どう
過ごす？

薊県は燕山山脈ふもとの
静かな古都です
街歩きも楽しめます

Qingdongling

薊県でどう過ごす？

薊県の中心部へ

薊県では、バスの場合、市街西郊外の「薊州バスターミナル」、鉄道の場合、市街南部の「薊県駅」に到着します。ここから薊県の中心にあたる薊県旧城までは少し離れていますので、路線バスに乗ることになります。「薊州バスターミナル」からは536路か、旅游専線11路に乗って「古街西口」を目指します（536路の場合は「古街西口」のほか「魚陽南路」で降りる手もあり）。また鉄道の「薊県駅」からは530路で「古街西口」下車となります。薊県には乗合い三輪車が結構走っていて、バスターミナルや駅前には客待ちの三輪車もいるは

CHINA
清東陵

ずです。薊州バスターミナルから5〜10元程度で旧城まで連れて行ってもらえましたので、荷物が多かったりする場合はこちらを利用するのもあり。「去鼓楼广场(チュウ・グゥロウグァンチャン)」「去独乐寺(チュウ・ドゥウラァスー)」などと告げて薊県中心部に向かいましょう。

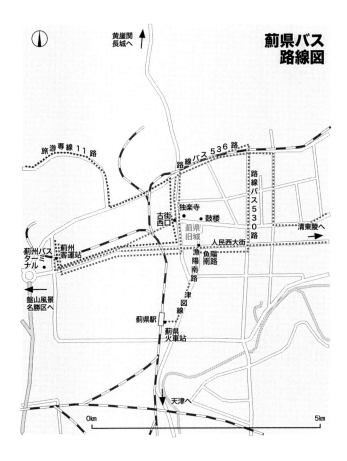

CHINA
清東陵

薊県4大エリア

さて薊県4大エリアです。まず北京、天津方面からのバスが着く「薊州バスターミナル」。市街から西に少し離れていて清東陵方面行きのバスもここから出ます。続いて鉄道の「薊県駅」です。天津からの鉄道が着きますが、やや市街から南に離れています。続いて「古街西口（独楽寺）」です。このエリアは独楽寺が見事なのもそうですが、黄崖関長城など北方面へのミニバスが出ているのですね。続いて薊県旧城の南門にあたる「魚陽南路」です。薊県旧城の中心鼓楼へのアクセスはここからになります。

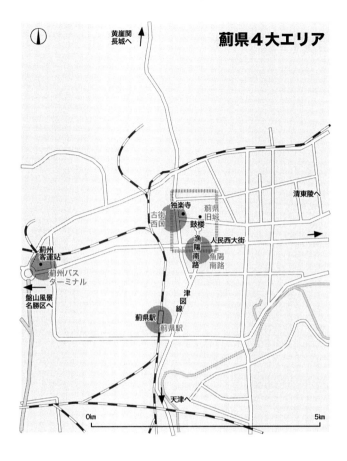

清東陵

歩こう！薊県

天津北部の中心都市で、「現存する中国最古級の木造建築」独楽寺や、郊外に黄崖関長城が残ることで知られる薊県。明清時代の地方都市という面影を残すとても素敵な街です。けれども薊県はその知名度の割に、観光客が少ない街かもしれません。小ぶりだからすぐに街のいろはを把握できますし、街歩きもとても楽しめます。半日あれば充分に観光できますので、清東陵観光の時間を考えながら、滞在するとよいでしょう。

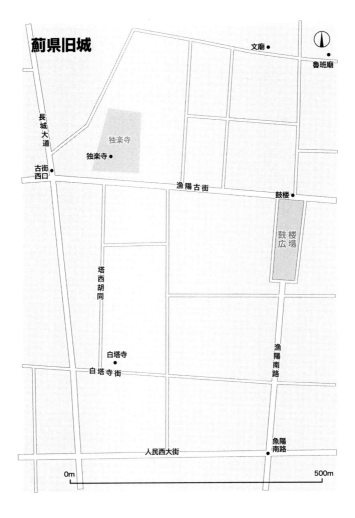

Qingdongling

薊県でどう過ごす？

CHINA
清東陵

見逃したくない薊県見どころ

1，独楽寺

2，白塔寺

3，漁陽古街

［DATA］独楽寺 独乐寺 dú lè sì ドゥウラァスー

・料金 40 元（独楽寺・白塔寺・魯班廟の共通券）

・調査時は独楽寺だけで 40 元

・朝 8 時～夕方 17 時

▲左　中国を代表する仏教古刹の独楽寺。　▲右　こちらは薊県旧城の一角に残る白塔寺

[DATA] 白塔寺 白塔寺 bái tǎ sì バイタァスー

・料金 40 元（独楽寺・白塔寺・魯班廟の共通券）

・調査時は 5 元

・朝 8 時〜夕方 17 時

[DATA] 漁陽古街 渔阳古街 yú yáng gǔ jiē ユゥヤングゥジエ

・無料

・夜までにぎわっている

清東陵

薊県で宿泊

ホテルを予約せずに薊県に向かったので、少し心配していたのですが、薊県にも「漁陽南路」そばに、漢庭快捷酒店（経済型ホテルのチェーン）がありました。安くて清潔、とても快適に過ごすことができます。もちろんほかにも外国人向けホテルがあるようでしたが、今回は漢庭快捷酒店で過ごしました。

▲左 人気ビジネスホテルチェーンも進出。 ▲右 店名は書いてなかったがここが地元人でにぎわう料理店

薊県での食事

薊県では、地元の人向けの食堂は結構あるけど、外国人向けとなるとなかなか見あたらないというのが正直な感想でした。そんななか漁陽古街なかほどにある料理店は連続で通ったのですが、5元ぐらいから食べることができ、味もよく、地元の中国人でいつもにぎわっていました。また朝は鼓楼広場の南側の路地に屋台が出て、軽食をとることもできました。郊外の清東陵や黄崖関長城では店が限られていることから、食事は薊県でしっかりとったほうがよいかもしれません。

[見せる中国語]
wǒ xiǎng qù gǔ jiē xī kǒu
ウォシィアンチュウ
グウジエシイコウ
私は古街西口に行きたい

我想去
古街西口

[見せる中国語]
wǒ xiǎng qù yú yáng nán lù
ウォシィアンチュウ
ユウヤァンナァンルウ
私は魚陽南路に行きたい

我想去
鱼阳南路

[見せる中国語]
wǒ xiǎng qù jì zhōu kè yùn zhàn
ウォシィアンチュウジイチョウカアユゥンヂィアン
私は薊州バスターミナルに行きたい

我想去薊州客运站

[見せる中国語]
wǒ xiǎng qù jì xiàn huǒ chē zhàn
ウォシィアンチュウ
ジィイシェンフゥオチィアヂィアン
私は薊県鉄道駅に行きたい

我想去
薊县火车站

[見せる中国語]
wǒ xiǎng qù dú lè sì
ウォシィアンチュウ
ドゥウラァスー
私は独楽寺に行きたい

我想去独乐寺

[見せる中国語]
wǒ xiǎng qù bái tǎ sì
ウォシィアンチュウ
バイタァスー
私は白塔寺に行きたい

我想去
白塔寺

[見せる中国語]
wǒ xiǎng qù huáng yá guān cháng chéng ウォシィアンチュウファンヤァガンチャァンチャン
私は黄崖関長城に行きたい

我想去黄崖关长城

[見せる中国語]
wǒ xiǎng qù pán shān fēng jǐng míng shèng qū ウォシィアンチュウパンシャンフェンジンミンシェンチュウ
私は盤山風景名勝区に行きたい

我想去盘山风景名胜区

見どころ多いぞ薊県

CHINA
清東陵

黄崖関長城や盤山風景区
薊県郊外にも魅力的な観光地が位置します
時間があるならぜひ行ってみましょう

時間があったら郊外へ

郊外にも魅力的な観光地があるのが薊県です。ひとつは天津の長城こと「黄崖関長城」です。北京八達嶺や居庸関にくらべると、観光客がそれほど多くありませんので、じっくりと楽しむことができるはずです。もうひとつは「盤山風景名勝区」です。こちらも薊県から北西12kmほどに離れたところにある景勝地です。それぞれ半日ずつほどを要しますので、ご自身の旅程と相談のうえ、ご検討ください。

Qingdongling　見どころ多いぞ薊県

薊県から各地へのアクセス

薊県から郊外の観光地へのアクセスですが、大型バスとミニバス（ワゴン）のふたつが走っています。大型バスは市街西郊外の薊州バスターミナルが発着所になります（この大型バスは旧城近くも通ります）。ミニバスの場合、東西方向は人民西路、北へは長城路が大動脈となり、それぞれ「魚陽南路」と「古街西口」がバス停となっていました。このミニバスは人数が集まってから出発するのが特徴で、大型路線バスと少し性格が異なります。ちなみに黄崖関長城、盤山風景名勝区までは10元程度で行くことができました。また100〜150

CHINA
清東陵

元程度でタクシーをチャーターするという手もあります。

[アクセス情報] 黄崖関長城へ
・「古街西口」からミニバス。10元。所要1時間弱
・また薊県北の下営公交站から黄崖関長城まで旅游専線14路が出ている。黄崖関長城発 (8時40分〜18時10分)、下営公交站発 (8時30分〜18時30分)。2元

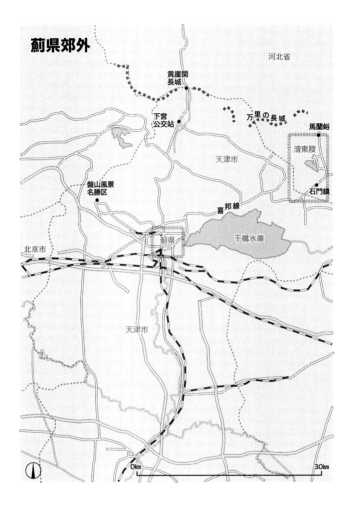

Qingdongling | 見どころ多いぞ薊県

清東陵

[DATA] **黄崖関長城** 黄崖关长城
huáng yá guān cháng chéng ファンヤァガンチャァンチャン

・入場料 50 元（調査時は 65 元）

・朝 8 時〜夕方 17 時

[アクセス情報] **盤山風景区へ**

・旅游专线 11 路で、「蓟州客运站」か「古街西口」から、「盘山风景区」へ。

▲左　黄崖関長城は天津の万里の長城。　▲右　薊県のバスやミニバスが集まる古街西口

[DATA] **盤山風景名勝区** 盘山风景名胜区 pán shān fēng jǐng míng shèng qū パンシャンフェンジンミンシェンチュウ

・入場料 130 元

・朝 8 時〜夕方 17 時

薊県から清東陵行こう

CHINA
清東陵

次はいよいよ清東陵です
清朝皇帝の壮大な陵墓群
世界遺産にも指定されています

清東陵へ行こう

薊県から世界遺産の清東陵への道を紹介したいと思います。清東陵へ行くのは車をチャーターするのが便利なのに違いありません。というのは清東陵は薊県から東30kmに位置し、なおかつバスが走る街道から北に離れてしまっているからです。くわえて清東陵の陵区は自力で歩くのはほとんど無理と思えるほど、東西南北に広がっているので、さくさくかんたんにまわるのなら「タクシーで」と行きたいものです。ただ、「どこからタクシーをチャーターするか」というのが旅人の判断になるはずです。北京から車をチャーターすれば

Qingdongjing

薊県から清東陵行こう

とっても高いですし、薊県からのチャーターでも、省境（天津市と河北省）をまたぐことになってしまいます。そこで薊県から街道上の石門まで路線バスで行き、そこからタクシーをチャーターしたルートをご紹介したいと思います。

石門行きのバス

薊県から清東陵へのバスは、遵化行きのバスに乗り、途中、石門で下車することになります。清東陵へは薊州バスターミナルから朝7時20分に出ている石門経由、遵化行きのバスを利用し、所要1時間強の距離で12元の料金でした。とこ

CHINA
清東陵

ろで、薊県から遵化方面へのバスは結構走っているのですが、アクセスは不便です。どういうこと?? と説明しますと、「薊県は天津市」にあり、「石門(清東陵)は河北省」に位置するため、バスの運営会社がそれぞれ別な場合が多いのです。つまり、それぞれの地点から天津市と河北省の境まではバスは走っているのだけど、省境で別のバスに乗り継ぐということが必要になってくるのです。

▲左　八旗がたなびく子どもたちが遊んでいた。　▲右　清東陵までこのような道のりになる

[アクセス情報] 薊県〜清東陵

・薊県から石門行きのバスは薊州バスターミナルから。朝7時20分発。所要1時間強。12元。1日数本

・しかし、天津、河北省側とも省境までのバスは結構走っていた。その場合、乗り換えが必要となる

・薊州バスターミナルで「清東陵（石門）」行きのバスがない場合、省境までのバスに乗ることに。そして調査時にはその省境も「石門」と呼ばれていた

［見せる中国語］
wǒ xiǎng qù qīng dōng líng
ウォシィアンチュウ
チンドンリン
私は清東陵に行きたい

我想去
清东陵

［見せる中国語］
wǒ xiǎng qù shí mén
ウォシィアンチュウ
シィイメン
私は石門に行きたい

我想去
石门

直接
清東陵に
行く場合

CHINA
清東陵

北京から、天津から
直接、清東陵に行く方法
もあります

天津から直接、清東陵

・ひとまず鉄道かバスで薊県か、遵化へ。薊県からは遵化行き、遵化からは薊県方面行きのバスに乗り、石門下車

・清東陵公式ページには、「徒歩」という項目があり、「遵化—清东陵（全程约 36 公里）、从遵化开始徒步」と続きます。遵化から清東陵は 36 kmの距離です。遵化から歩きはじめましょう、といったところでしょうか（2015 年 9 月 26 日確認）

Qingdongling 直接清東陵に行く場合

北京から直接、清東陵

・北京から清東陵へ直接行く場合、四恵バスターミナルから、遵化（河北省）行きのバスに乗ります。遵化へ行く途中の石門で降りることになります。料金は50元ほど

[見せる中国語]
wǒ xiǎng qù yóu kè fù wù zhōng xīn
ウォシィアンチュウ
ヨォウカアフウウウチョォンシィン
私は游客服務中心に行きたい

我想去
游客服务中心

[見せる中国語]
wǒ xiǎng qù xiào líng
ウォシィアンチュウ
シャオリン
私は孝陵に行きたい

我想去
孝陵

[見せる中国語]
wǒ xiǎng qù jǐng líng
ウォシィアンチュウ
ジンリン
私は景陵に行きたい

我想去
景陵

[見せる中国語]
wǒ xiǎng qù yù líng
ウォシィアンチュウ
ユゥウリン
私は裕陵に行きたい

我想去
裕陵

[見せる中国語]
wǒ xiǎng qù yù líng fēi yuán qǐn
ウォシィアンチュウ
ユゥリンフェイユァンチン
私は裕陵妃園寝に行きたい

我想去
裕陵妃园寝

[見せる中国語]
wǒ xiǎng qù dìng líng
ウォシィアンチュウ
ディンリン
私は定陵に行きたい

我想去定陵

[見せる中国語]
wǒ xiǎng qù dìng dōng líng
ウォシィアンチュウ
ディンドンリン
私は定東陵に行きたい

我想去
定东陵

[見せる中国語]
wǒ xiǎng qù huì líng
ウォシィアンチュウ
フイリン
私は恵陵に行きたい

我想去

惠陵

清東陵と陵内の移動

最高の風水の地に築かれたという清東陵
広大な敷地内に
清朝皇帝陵墓が点在します

清東陵観光

清東陵への足がかりになるのは石門です。石門に着くと客引きがいて、「○か所の陵墓で、○○元」といった交渉をしてきます。石門から清東陵の入口にたどり着くまで結構な距離がありますので、ここを歩くのはほぼ不可能。交渉して乗せてもらうとよいでしょう。観光客目当てのドライバーは結構いましたので、石門から清東陵までタクシーを使うことをおすすめします（もしくは石門から2kmほど先の旅客服務中心から本数は少ないものの観光バスが出ています）。

CHINA
清東陵

石門で気をつけよう

一応、石門で気をつけておきたいことは、5元や10元といったきわめて安い価格で、清東陵まで連れていってくれる、というものでした。実際、その価格で、連れていってもらえるようですが、清東陵に着いてからも、足は必要なので、タクシードライバーからすると「まず乗せてしまえ（そしてそのあとの観光分で稼いでやれ）」という意図がありそうでした。また石門から清東陵のあいだに立つ石牌坊や神道も見応えがありますので、うっかり飛ばしてしまうことなく、事前に何を見たいか、ということを交渉しておく必要があります。

▲左 紅壁が青い空に映える。　▲右 故宮と同じ黄色の瑠璃瓦、順治帝の孝陵を中心に陵墓は展開する

調査時点では

ちなみに調査時、この石門でタクシーをチャーターしました。その際、今回の旅でお世話になったドライバーは、正規のガイドさん（「清东陵旅游区司机、导游」という身分証をもっていました）で、裕陵、石牌坊、大紅門、孝陵、景陵、裕陵、裕陵妃園寝、定東陵といった主要どころを2時間半ほどでまわったあと、石門の街道まで戻ってもらい、100元でした。多分、2時間半100元は良心的な値段で、「清東陵のよさをぜひ日本人に伝えてくれ」と言われたのでした。そのため、このあとに記す観光バスのアクセス情報は、実際に乗ってい

CHINA
清東陵

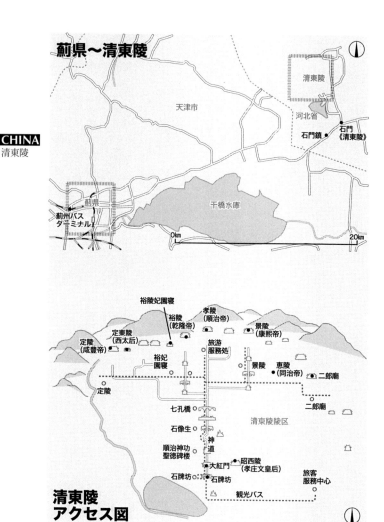

清東陵

ない公式ページ発表の伝聞情報となります。

［アクセス情報］清東陵の観光バス循環路線

・遊客接待中心～大碑楼～裕陵停車場～裕妃 園寝（二車場）

・裕妃 園寝（二車場）～孝陵～景陵

・裕妃 園寝（二車場）～遊客服務中心

Qingdongling 清東陵と陵内の移動

清東陵って・・・

清東陵は山を背後に、第3代順治帝の孝陵を中心にヒトデ型に清朝の5人の皇帝陵と西太后などの陵墓が残っています。康熙帝、乾隆帝といった清朝でもっとも勢いのあった時代の皇帝、そして、夫咸豊帝のものよりも立派とさえ言われる西太后の定東陵が位置します。そして、この陵墓群にいたるまでに、石牌坊、大紅門、神道と続き、入口付近の石牌坊から孝陵まで5kmという距離になっています。ちなみにこの様式は、北京近郊の世界遺産明十三陵と同じため、旅人のみなさまにも馴染みのあるものでしょう。

CHINA
清東陵

清東陵ベスト3

1，地下宮殿が見られる裕陵（乾隆帝）

2，西太后が眠る定東陵

3，名君康熙帝の景陵

清東陵は最高だった！！

清東陵はきわめて広大です。上述のベスト3のほか、あとは時間や好みにあわせて観光できたらと思いました。最高の風水の地に皇帝墓陵を造営したというだけあって、本当に素晴らしい景色と建築が見れ、大満足の旅となったのでした。

Qingdongling

清東陵と陵内の移動

［DATA］**清東陵** 清东陵 qīng dōng líng チンドンリン

・入場料152元。調査時は132元

・早朝8時〜夕方17時

・孝陵でのショー 朝9時半〜10時、朝10時半〜11時、昼14時〜14時半、昼15時半〜16時

・参観可能エリア：孝陵、昭西陵、祭祀大典、裕陵、裕妃陵、慈禧陵、慈安陵、景陵、展覧、二郎廟など

それぞれの陵墓にまつられた皇帝と西太后

孝陵 孝陵 xiào líng シャオリン
第3代順治帝

景陵 景陵 jǐng líng ジンリン
第4代康熙帝

裕陵 裕陵 yù líng ユゥウリン
第6代乾隆帝

定陵 定陵 dìng líng ディンリン
第9代咸豊帝

定東陵 定东陵 dìng dōng líng ディンドンリン
西太后

惠陵 惠陵 huì líng フイリン
第10代同治帝

薊県から帰ろう

北京や天津に宿泊している場合は
遅くとも 15 時ごろには
清東陵から帰りましょう

帰りも大変だ

調査時では清東陵から薊県に帰ったのですが、この場合もまた石門が起点になります。そして、ひょっとしたら、遵化発北京行きのバスが石門を通るかもしれませんが、それは確率低しです。ただし、街道を往来するバスの量はそんなに少なくありませんでした。石門から薊県行きに乗車したかったのですが、実際は天津との省境まで行き、そこから薊県行きのバスに乗り継ぎました。省境で15分ほど待っていると薊県行きのバスがやってきましたし、同様に、河北省からバスを乗り継いで天津薊県に向かう人も数人いたので、そこまで

CHINA
清東陵

▲左　薊県の人気店で食べた麺料理。　▲右　多くの人でにぎわう薊県の鼓楼広場にて

迷ったりすることはないはずです。

薊県から北京へ

・バスで。薊州バスターミナルから。30分に1本というように、頻発していた。調査時点は待ち時間ほぼなく、乗れた。所要2時間程度

薊県から天津へ

・鉄道で。所要1時間半～2時間半程度。1日数本
・バスで。薊州バスターミナルから。所要2時間半～3時間程度

【MEMO】

[見せる中国語]
wǒ xiǎng qù běi jīng
ウォシィアンチュウ
ベェイジィン
私は北京に行きたい

我想去
北京

[見せる中国語]
wǒ xiǎng qù tiān jīn
ウォシィアンチュウ
ティエンジィン
私は天津に行きたい

我想去
天津

CHINA
清東陵

あとがき

　自分の原点となる旅は、中東レバノンからシリア、ヨルダン、イスラエル・パレスチナ、エジプト、トルコあたりを旅した中東の旅でした。今から 15 年以上前の話ですが、当時、バックパッカーの泊まる日本人宿には情報ノートという旅人による旅情報があり、現在のインターネット掲示板のように、現地の生きた旅行情報が蓄積されていたのでした。

あとがき

当時20歳前後であったため、日本にあまり馴染みのない中東の国に、旅人が足あとを残し、それが続く日本人に利用されているということに、大変な驚きをもったことを憶えています。

これまで東南アジアからインド、中央アジア、シベリア、中東、東ヨーロッパ、アフリカ、カリブなど35か国以上を旅してきたなかで、「次はどこに行くのですか？」「今までで一番よかった街はどこですか？」といった質問されることも多く、「(次は)中国です」「(よかったのは)北京です」と答えると、ハードな旅をなさったかたからは、きょとんとした

CHINA
清東陵

反応を受けることが多いです。

　人一倍旅好きで、人一倍秘境と言われる国や地域をまわっているあなたが、なぜ海外旅行初心者が行くような地域を口にするのですか？　といった意図がふくまれていそうです。旅に非日常性を求められるかたには、日本人に馴染みのうすい地域や、誰もしたことのない体験、死にかけた旅といった話が期待されているような気もします。

　しかし、北京や上海に秘境はないのでしょうか？　たとえば、天安門広場や頤和園などは観光地が駅名になっていることもあり、地下鉄の路線図さえあれば、誰でも行くことがで

Qingdongling あとがき

きます。けれども、川底下村、潭柘寺、周口店遺址、金山嶺長城の場合はどうでしょう？　これらは北京（金山嶺長城は河北省との省境）にあり、行けば誰もが満足できる観光地なのに、旅行情報が充分だと私は思いません。

　そして、そうしたなかでも、ここに行けたら絶対いいのに！！　と思ったのが、清東陵です（清西陵も同様ですが、個人的に清東陵に軍配をあげたいと思います）。最初に故宮や万里の長城の名前を出しましたが、あたりの自然の壮大さ、地下宮殿まで入れる陵墓、またそこにまつられている皇帝や皇后、精緻な彫刻を考えると、清東陵に北京周辺観光地ナン

CHINA
清東陵

バー1に近いランクをつけたいと思います。

　清東陵ではその場であった中国人ガイドさんに大変、親切にされ、タクシーチャーター料金も良心的でした。そして、最後に言われた「清東陵のよさをぜひ日本人に伝えてくれ」という言葉からは、こんなに素晴らしい遺跡があるのに、「アクセスの悪さが理由で他の観光地ほど旅行者が来ない」という残念さのいつわらざる本音だと思いました。

　よろしければ、このアクセス情報旅行ガイド『Tabisuru CHINA 010 自力で「清東陵」』と観光情報旅行ガイド『まちごとチャイナ天津 004 薊県と清東陵』をあわせてご利用いた

だき、旅人のみなさまのご意見、ご批判などをお待ちしています。

2015 年 9 月 28 日　たきざわ旅人

参考資料

清东陵旅游网（中国語）http://www.qingdongling.com/
天津蓟县旅游官网（中国語）http://www.jx-travel.com/
蓟县生活网（中国語）http://www.tjsjx.com/
盘山旅游官网（中国語）http://www.chinapanshan.com/
［PDF］薊県 STAY（ホテル＆レストラン情報）http://machigotopub.com/pdf/jixianstay.pdf

まちごとパブリッシングの旅行ガイド
Machigoto INDIA , Machigoto ASIA , Machigoto CHINA

【北インド - まちごとインド】

001 はじめての北インド
002 はじめてのデリー
003 オールド・デリー
004 ニュー・デリー
005 南デリー
012 アーグラ
013 ファテープル・シークリー
014 バラナシ
015 サールナート
022 カージュラホ
032 アムリトサル

【西インド - まちごとインド】

001 はじめてのラジャスタン
002 ジャイプル
003 ジョードプル
004 ジャイサルメール
005 ウダイプル
006 アジメール（プシュカル）
007 ビカネール
008 シェカワティ
011 はじめてのマハラシュトラ
012 ムンバイ
013 プネー
014 アウランガバード
015 エローラ
016 アジャンタ
021 はじめてのグジャラート
022 アーメダバード
023 ヴァドダラー（チャンパネール）
024 ブジ（カッチ地方）

【東インド - まちごとインド】

002 コルカタ
012 ブッダガヤ

【南インド - まちごとインド】

001 はじめてのタミルナードゥ
002 チェンナイ
003 カーンチプラム
004 マハーバリプラム
005 タンジャヴール
006 クンバコナムとカーヴェリー・デルタ
007 ティルチラパッリ
008 マドゥライ
009 ラーメシュワラム
010 カニャークマリ
021 はじめてのケーララ
022 ティルヴァナンタプラム
023 バックウォーター（コッラム～アラップーザ）
024 コーチ（コーチン）
025 トリシュール

【ネパール - まちごとアジア】

001 はじめてのカトマンズ
002 カトマンズ
003 スワヤンブナート

004 パタン
005 バクタプル
006 ポカラ
007 ルンビニ
008 チトワン国立公園

【バングラデシュ - まちごとアジア】

001 はじめてのバングラデシュ
002 ダッカ
003 バゲルハット（クルナ）
004 シュンドルボン
005 プティア
006 モハスタン（ボグラ）
007 パハルプール

【パキスタン - まちごとアジア】

002 フンザ
003 ギルギット（KKH）
004 ラホール
005 ハラッパ
006 ムルタン

【イラン - まちごとアジア】

001 はじめてのイラン
002 テヘラン
003 イスファハン
004 シーラーズ
005 ペルセポリス
006 パサルガダエ（ナグシェ・ロスタム）
007 ヤズド
008 チョガ・ザンビル（アフヴァーズ）
009 タブリーズ
010 アルダビール

【北京 - まちごとチャイナ】

001 はじめての北京
002 故宮（天安門広場）
003 胡同と旧皇城
004 天壇と旧崇文区
005 瑠璃廠と旧宣武区
006 王府井と市街東部
007 北京動物園と市街西部
008 頤和園と西山
009 盧溝橋と周口店
010 万里の長城と明十三陵

【天津 - まちごとチャイナ】

001 はじめての天津
002 天津市街
003 浜海新区と市街南部
004 薊県と清東陵

【上海 - まちごとチャイナ】

001 はじめての上海
002 浦東新区
003 外灘と南京東路
004 淮海路と市街西部
005 虹口と市街北部
006 上海郊外（龍華・七宝・松江・嘉定）
007 水郷地帯（朱家角・周荘・同里・甪直）

【河北省 - まちごとチャイナ】

001 はじめての河北省
002 石家荘
003 秦皇島
004 承徳
005 張家口
006 保定
007 邯鄲

【江蘇省 - まちごとチャイナ】

001 はじめての江蘇省
002 はじめての蘇州
003 蘇州旧城
004 蘇州郊外と開発区
005 無錫
006 揚州
007 鎮江
008 はじめての南京
009 南京旧城
010 南京紫金山と下関
011 雨花台と南京郊外・開発区
012 徐州

【浙江省 - まちごとチャイナ】

001 はじめての浙江省
002 はじめての杭州
003 西湖と山林杭州
004 杭州旧城と開発区
005 紹興
006 はじめての寧波
007 寧波旧城
008 寧波郊外と開発区
009 普陀山
010 天台山
011 温州

【福建省 - まちごとチャイナ】

001 はじめての福建省
002 はじめての福州
003 福州旧城
004 福州郊外と開発区
005 武夷山
006 泉州
007 厦門
008 客家土楼

【広東省 - まちごとチャイナ】

001 はじめての広東省
002 はじめての広州
003 広州古城
004 天河と広州郊外
005 深圳（深セン）
006 東莞
007 開平（江門）
008 韶関
009 はじめての潮汕
010 潮州
011 汕頭

【遼寧省 - まちごとチャイナ】

001 はじめての遼寧省
002 はじめての大連
003 大連市街
004 旅順
005 金州新区

006 はじめての瀋陽
007 瀋陽故宮と旧市街
008 瀋陽駅と市街地
009 北陵と瀋陽郊外
010 撫順

【重慶 - まちごとチャイナ】

001 はじめての重慶
002 重慶市街
003 三峡下り（重慶〜宜昌）
004 大足

【香港 - まちごとチャイナ】

001 はじめての香港
002 中環と香港島北岸
003 上環と香港島南岸
004 尖沙咀と九龍市街
005 九龍城と九龍郊外
006 新界
007 ランタオ島と島嶼部

【マカオ - まちごとチャイナ】

001 はじめてのマカオ
002 セナド広場とマカオ中心部
003 媽閣廟とマカオ半島南部
004 東望洋山とマカオ半島北部
005 新口岸とタイパ・コロアン

【Juo-Mujin（電子書籍のみ）】

Juo-Mujin 香港縦横無尽
Juo-Mujin 北京縦横無尽
Juo-Mujin 上海縦横無尽

【自力旅游中国 Tabisuru CHINA】

001 バスに揺られて「自力で長城」
002 バスに揺られて「自力で石家荘」
003 バスに揺られて「自力で承徳」
004 船に揺られて「自力で普陀山」
005 バスに揺られて「自力で天台山」
006 バスに揺られて「自力で秦皇島」
007 バスに揺られて「自力で張家口」
008 バスに揺られて「自力で邯鄲」
009 バスに揺られて「自力で保定」
010 バスに揺られて「自力で清東陵」
011 バスに揺られて「自力で潮州」
012 バスに揺られて「自力で汕頭」
013 バスに揺られて「自力で温州」

【車輪はつばさ】
南インドのアイラヴァテシュワラ寺院には建築本体に車輪がついていて寺院に乗った神さまが人びとの想いを運ぶと言います。

・本書はオンデマンド印刷で作成されています。
・本書の内容に関するご意見、お問い合わせは、発行元の
　まちごとパブリッシング info@machigotopub.com までお願いします。

Tabisuru CHINA 010
バスに揺られて「自力で清東陵」
〜自力旅游中国［モノクロノートブック版］

2017年11月14日　発行

著　者	「アジア城市（まち）案内」制作委員会
発行者	赤松　耕次
発行所	まちごとパブリッシング株式会社 〒181-0013　東京都三鷹市下連雀4-4-36 URL　http://www.machigotopub.com/
発売元	株式会社デジタルパブリッシングサービス 〒162-0812　東京都新宿区西五軒町11-13 清水ビル3F
印刷・製本	株式会社デジタルパブリッシングサービス URL　http://www.d-pub.co.jp/

MP180

ISBN978-4-86143-314-6　C0326　　　　Printed in Japan
本書の無断複製複写（コピー）は、著作権法上での例外を除き、禁じられています。